씬나게 시작하는

한자 영재

첫걸음

편집부 엮음

도서출판 **YEGA**

씬나게 시작하는 한자 첫걸음

1판 1쇄 인쇄 2020년 6월 10일
1판 1쇄 발행 2020년 6월 15일

엮은이 편집부
펴낸이 윤다시
펴낸곳 도서출판 예가

주   소 서울시 영등포구 영신로 45길 2
전   화 02-2633-5462   **팩스** 02-2633-5463
이메일 yegabook@hanmail.net   **블로그** http://blog.daum.net/yegabook
등록번호 제 8-216호

ISBN   978-89-7567-606-2   13710

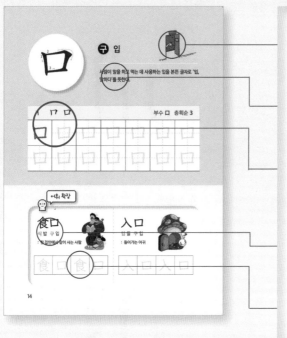

1 그림으로 연상해서 한자를 외우면 머리에 오랫동안 남을 수 있어요.

2 한자의 뜻과 유래를 알고 있으면 더 쉽게 외울 수 있어요.

3 유아와 초등 저학년에 맞게 쓰기 칸이 넓어서 힘들지 않아요. 정확한 순서대로 써 보아요.

4 한자에 파생된 단어들로 국어 어휘를 한 층 더 높일 수 있어요.

5 어휘 확장 단어를 한 번 써보는 것도 좋아요.

6 자신이 외웠던 한자를 그림을 보고 뜻과 음을 써보면서 내가 잘 외웠는지 한번 더 확인해요.

7 단어들이 어떻게 일상생활에서 쓰이는지 정확하게 알아봐요.

한자 필순 순서를 익히자

① 위에서 아래로 쓰기

위를 먼저 쓰고 아래는 나중에 쓰기

② 왼쪽에서 오른쪽으로 쓰기

왼쪽을 먼저, 오른쪽을 나중에 쓰기

③ 밖에서 안으로 쓰기

둘러싼 밖을 먼저, 안을 나중에 쓰기

④ 안에서 밖으로 쓰기

내려긋는 가운데 획을 먼저, 삐침을 나중에 쓰기

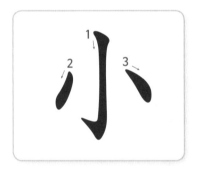

⑤ 왼쪽 삐침을 먼저 쓰기

좌우에 삐침이 있는 경우

⑥ 꿰뚫는 세로획은 나중에 쓰기

글자를 꿰뚫는 세로획은 제일 마지막에 쓰기

⑦ **꿰뚫는 가로획은 나중에 쓰기**
가로획을 나중에 쓰는 경우

⑧ **오른쪽 위의 점은 나중에 쓰기**
오른쪽 위의 점은 맨 나중에 찍음

⑨ **책받침은 맨 나중에 쓰기**

⑩ **가로획을 먼저 쓰기**
가로획과 세로획이 교차하는 경우

⑪ **위쪽에 있는 점을 먼저 쓰기**

⑫ **바깥쪽에 있는 점을 먼저 쓰기**

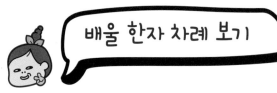

배울 한자 차례 보기

6

 손

다섯 손가락을 편 손의 모양을 본뜬 글자로 '손, 잡다'를 뜻한다.

一 二 三 手

부수 **手** 총획순 **4**

手	手	手	手	手	手	手
手	手	手	手	手	手	手

어휘 확장

拍手
박 칠 수 손

: 손뼉을 침

拍	手	拍	手

手工
수 손 공 장인

: 손으로 하는 간단한 공예

手	工	手	工

 발

사람의 허벅다리에서 발가락 끝까지의 모양을 본뜬 글자로 '발'을 뜻한다.

㇑	㇀	ㅁ	ㄗ	ㄫ	尺	足	부수 足 총획순 7
足	足	足	足	足	足	足	
足	足	足	足	足	足	足	

어휘 확장

足球
족 발 구 공

: 발야구

足	球	足	球

充足
충 채울 족 발

: 분량에 차서
  모자람이 없음

充	足	充	足

11

 눈

사람의 눈 모양을 본뜬 글자로 '눈'을 뜻하고 그 외 사람의 눈, 나무의 눈, 저울의 눈 등에 폭넓게 쓰인다.

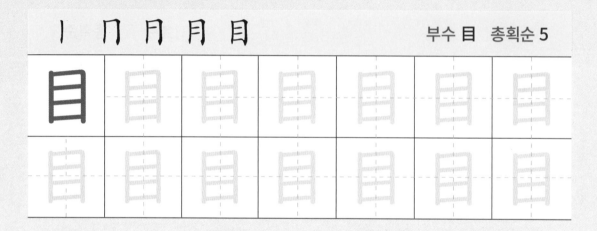

| | 门 | 円 | 月 | 目 | | 부수 目 총획순 5 |

品目
품 물건 목 눈

: 물품 종류의 이름

注目
주 부을 목 눈

: 시선을 모음

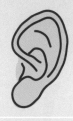

이 귀

오른쪽 귀의 귓바퀴와 귓불을 본뜬 글자로 '귀'를 뜻한다.

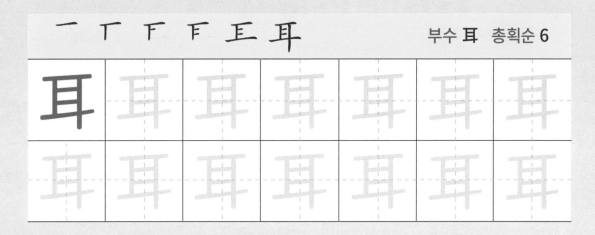

一 丁 丁 丌 瓦 耳

부수 耳 총획순 6

耳	耳	耳	耳	耳	耳	耳
耳	耳	耳	耳	耳	耳	耳

어휘 확장

耳目
이 귀 목 눈

: 귀와 눈

耳科
이 귀 과 과목

: 귀에 생기는 병을
  치료하는 한 분과

13

 입

사람이 말을 하고 먹는 데 사용하는 입을 본뜬 글자로 '입, 말하다'를 뜻한다.

丨 冂 口					부수 口 총획순 3	
口	口	口	口	口	口	口
口	口	口	口	口	口	口

어휘 확장

食口
식밥 구입
: 한집안에서 같이
  사는 사람

食	口	食	口

入口
입들 구입
: 들어가는 어귀

入	口	入	口

 머리

사람의 머리를 본뜬 글자로 머리는 사람의 가장 위에 있다는 의미에서 '우두머리, 처음'을 뜻한다.

丶丷䒑䒑䒑䒑首首首 　부수 **首** 총획순 9

首	首	首	首	首	首	首
首	首	首	首	首	首	首

元首
원 으뜸 수 머리

: 국민의 우두머리, 대통령

元	首	元	首

首都
수 머리 도 도읍

: 한 나라의 정부가 있는 도시

首	都	首	都

1. 다음 그림과 한자를 보고 음과 뜻을 쓰시오.

① 口 ⇒

② 手 ⇒

③ 足 ⇒

2. 다음 문장에 알맞은 한자를 보기에서 골라 쓰시오.

首都   食口   拍手

① 그의 행동은 [   ] 를 받을 만하다.

② 우리 [   ] 는 모두 5명이다.

③ 프랑스의 [   ] 는 파리이다.

인 사람

사람이 팔을 뻗고 서 있는 옆 모양을 본뜬 상형 문자로 '사람'을 뜻한다.

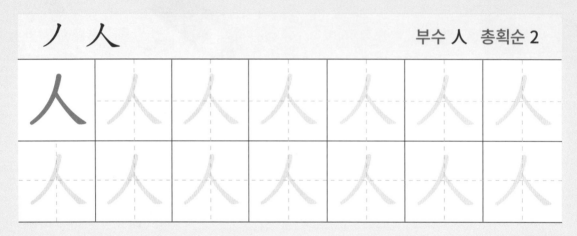

ノ 人

부수 人 총획순 2

어휘 확장

個人
개 낱 인 사람

: 한 사람 한 사람

人物
인 사람 물 물건

: 사람

 사내

밭 전(田)에 힘 력(力)을 합친 글자로 밭을 가는 데는 힘센
남자가 필요하다는 의미에서 '남자, 사내'를 뜻한다.

丨	冂	日	田	田	罗	男	부수 田 총획순 7

男	男	男	男	男	男	男
男	男	男	男	男	男	男

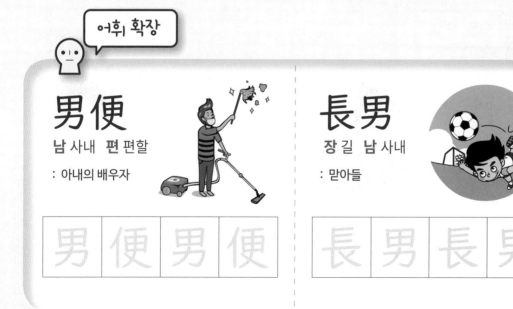

어휘 확장

男便
남 사내 편 편할

: 아내의 배우자

男	便	男	便

長男
장 길 남 사내

: 맏아들

長	男	長	男

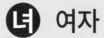 여자

여자가 손을 앞으로 모으고 무릎을 꿇고 앉아 있는 모습을 본뜬 글자로 '여자'를 뜻한다.

ㄑ ㄣ 女

女	女	女	女	女	女	女
女	女	女	女	女	女	女

어휘 확장

女性

여 여자 **성** 성품

: 여자

女	性	女	性

少女

소 적을 **녀** 여자

: 완전히 성숙하지 않고
  아주 어리지도 않은 여자아이

少	女	少	女

20

 날

흙에서 풀의 싹이 돋아나오는 모양을 본뜬 글자로 '살다, 낳다'를 뜻한다.

ノ ノ 广 广 牛 生   부수 **生** 총획순 **5**

生	生	生	生	生	生	生
生	生	生	生	生	生	生

어휘 확장

生活
생 날 활 살

: 살아서 활동(活動)함

生	活	生	活

生日
생 날 일 날

: 태어난 날

生	日	生	日

 마음

사람이나 동물의 심장을 본뜬 글자로 '마음'이나 '감정'을 뜻한다.

' 心 心 心				부수 心 총획순 4		
心	心	心	心	心	心	心
心	心	心	心	心	心	心

어휘 확장

決心
결 결단할 **심** 마음

: 마음을 먹음

決	心	決	心

心身
심 마음 **신** 몸

: 마음과 몸

心	身	心	身

 늙을

허리가 굽은 노인이 지팡이를 짚고 서 있는 모양을 본뜬 글자로 '늙다'를 뜻한다.

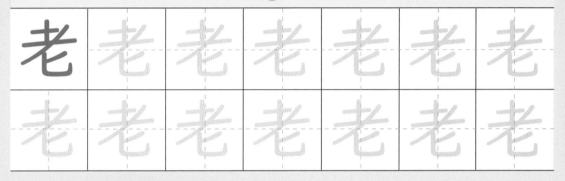

一 十 土 耂 耂 老

부수 老 총획순 6

老	老	老	老	老	老	老
老	老	老	老	老	老	老

어휘 확장

老人
노 늙을 인 사람
: 나이가 많은 사람

老	人	老	人

老化
노 늙을 화 될
: 시간이 지남에 따라 쇠약해지는 현상

老	化	老	化

23

1. 다음 그림과 한자를 보고 음과 뜻을 쓰시오.

① 女 ⇒

② 人 ⇒

③ 男 ⇒

2. 다음 문장에 알맞은 한자를 보기에서 골라 쓰시오.

長男   生日   心身

① 오늘은 나의   이다.

② 질병으로   이 매우 피로하다.

③ 나는 우리집의   이다.

 쉴

사람 인(人) 옆에 나무 목(木)을 합친 글자로 나무 옆에 기대어 쉬고 있는 사람을 본떠 '쉬다'를 뜻한다.

丿 亻 亻 什 休 休　　　부수 亻　총획순 6

休	休	休	休	休	休	休
休	休	休	休	休	休	休

休息
휴 쉴 식 쉴

: 하던 일을 멈추고
  잠시 쉼

休	息	休	息

休日
휴 쉴 일 날

: 일을 하지 않고
  쉬거나 노는 날

休	日	休	日

26

 근본

나무 목(木) 하단에 점을 찍어 나무의 뿌리 부분을 가리킨 지사 문자로 '뿌리'를 뜻한다.

一	十	才	木	本		부수 木 총획순 5
本	本	本	本	本	本	本
本	本	本	本	本	本	本

어휘 확장

本人
본 근본 인 사람
: 어떤 일의 주체적인 사람

本	人	本	人

本性
본 근본 성 성품
: 사람이 타고난 성질

本	性	本	性

안 편안

집 면(宀)과 여자 여(女)를 합친 글자로 여자가 집에 안정적
으로 앉아있는 모습을 본떠 '편안, 안정'을 뜻한다.

丶　丷　宀　它　安　安　　　부수 宀　총획순 6

安	安	安	安	安	安	安
安	安	安	安	安	安	安

어휘 확장

不安
불 아닐 안 편안

: 걱정이 되어
　마음이 편치 않음

不	安	不	安

保安
보 지킬 안 편안

: 안전을 유지함

保	安	保	安

명 이름

저녁 석(夕)과 입 구(口)를 합친 글자로 저녁이면 어두워 입으로 이름을 불러야 알 수 있다는 의미에서 '이름'을 뜻한다.

ノ ク タ タ 名 名	부수 口 총획순 6

名	名	名	名	名	名	名
名	名	名	名	名	名	名

어휘 확장

有名
유 있을 명 이름

: 이름을 널리 알림

有	名	有	名

別名
별 다를 명 이름

: 대신 부르는 이름

別	名	別	名

 살

사람인(亻)에 주인 주(主)를 합친 글자로 사람이 일정한 곳에 사는 것을 가리켜 '거처하다, 머물다'를 뜻한다.

丿 亻 亻 亻 仁 住 住 住　　　부수 亻　총획순 7

住	住	住	住	住	住	住
住	住	住	住	住	住	住

어휘 확장

住民
주 살 민 백성

: 일정한 지역에 사는 사람

住	民	住	民

住所
주 살 소 바

: 사는 곳

住	所	住	所

효 효도

늘을 노(老)에 아들 자(子)를 합친 글자로 자식이 늙은 부모를 받든다는 의미에서 '효도'를 뜻한다.

| 一 | 十 | 土 | 耂 | 耂 | 考 | 孝 | 부수 子 총획순 7 |

孝	孝	孝	孝	孝	孝	孝
孝	孝	孝	孝	孝	孝	孝

어휘 확장

孝心
효 효도 심 마음

: 정성을 다하여 부모를 섬기는 마음

孝	心	孝	心

孝道
효 효도 도 길

: 부모를 잘 섬기는 도리

孝	道	孝	道

31

실력 확인하기

1. 다음 그림과 한자를 보고 음과 뜻을 쓰시오.

① 安　⇒

② 本　⇒

③ 孝　⇒

2. 다음 문장에 알맞은 한자를 보기에서 골라 쓰시오.

孝道　　　休日　　　有名

① 그는 매우 ⬚ 한 배우다.

② 부모님께 ⬚ 하는 것은 당연한 일이다.

③ 오늘은 즐거운 ⬚ 이다.

가 집

집 면(宀) 밑에 돼지 시(豕)를 합친 글자로 돼지는 새끼가 많다는 의미에서 사람이 모여서 사는 '집'을 뜻한다.

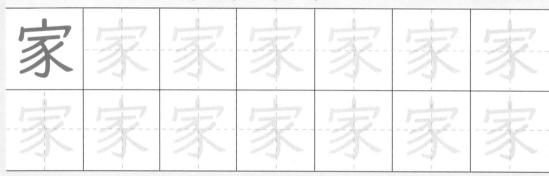

부수 宀 총획순 10

家	家	家	家	家	家
家	家	家	家	家	家

어휘 확장

家族
가 집 족 겨레

: 한 집의 친족

國家
국 나라 가 집

: 나라의 법적인 호칭

부 아버지

사람이 손에 도끼를 들고 있는 모양을 본뜬 글자로 권력을
지닌 한 가정의 가장이라는 의미에서 '아버지'를 뜻한다.

ノ ハ グ 父				부수 父 총획순 **4**		
父	父	父	父	父	父	父
父	父	父	父	父	父	父

어휘 확장

父母
부 아버지 모 어머니

: 아버지와 어머니

父	母	父	母

父子
부 아버지 자 아들

: 아버지와 아들

父	子	父	子

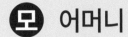 어머니

여자가 어린아이에게 젖을 먹이는 모양을 본뜬 글자로 '어머니'를 뜻한다.

乚 刀 丹 母 母

부수 母 총획순 5

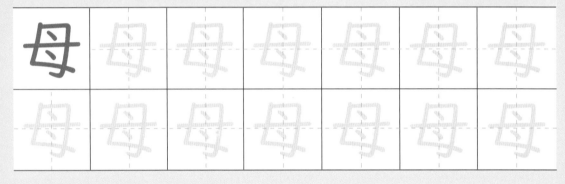

母女
모 어머니 녀 여자
: 어머니와 딸

老母
노 늙을 모 어머니
: 늙은 어머니

36

형 형

입구(口)에 어진사람 인(儿)이 합쳐진 글자로 어진 말을 하는 사람이 어른이라는 의미에서 '형'을 뜻한다.

丿 冂 冂 尸 兄 　　　　부수 儿 총획순 5

兄	兄	兄	兄	兄	兄	兄
兄	兄	兄	兄	兄	兄	兄

어휘 확장

兄弟
형 형 제 아우

: 형과 아우

兄	弟	兄	弟

兄夫
형 형 부 지아비

: 언니의 남편

兄	夫	兄	夫

제 아우

'아우'나 '나이 어린 사람'을 뜻하며, 弟는 본래 나무토막에 줄을 순서대로 묶는다는 의미에서 차례나 순서를 나타낸다.

| ' ソ 丷 当 弟 弟 | | | | | | 부수 弓 총획순 7 |

弟

| 弟 | 弟 | 弟 | 弟 | 弟 | 弟 | 弟 |
| 弟 | 弟 | 弟 | 弟 | 弟 | 弟 | 弟 |

弟子
제 아우 자 아들

: 스승의 가르침을 받는 자

| 弟 | 子 | 弟 | 子 |

妹弟
매 누이 제 아우

: 손아래 누이의 남편

| 妹 | 弟 | 妹 | 弟 |

자 아들

어린아이가 두 팔을 벌리고 있는 모양을 본뜬 글자로 '아들'을 뜻한다. 子가 부수일 때는 '아이'나 '사람'이라는 뜻으로 쓰인다.

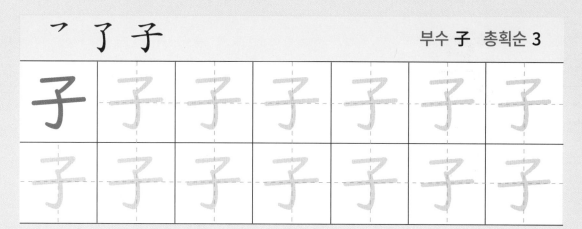

ㄱ 了 子

부수 **子** 총획순 3

子	子	子	子	子	子	子
子	子	子	子	子	子	子

어휘 확장

男子
남 사내 **자** 아들

: 남성의 성을 지닌 사람

男	子	男	子

子女
자 아들 녀 여자

: 아들과 딸

子	女	子	女

39

1. 다음 그림과 한자를 보고 음과 뜻을 쓰시오.

① 子 ⇒

② 母 ⇒

③ 家 ⇒

2. 다음 문장에 알맞은 한자를 보기에서 골라 쓰시오.

男子 　　母女 　　家族

① 엄마와 나는 [ ] 사이다.

② 우리 [ ] 은 매우 화목하다.

③ 저 [ ] 는 잘생겼다.

 날

해의 모양을 본뜬 글자로 해는 날마다 뜬다는 의미에서 '날, 하루, 때'를 뜻한다.

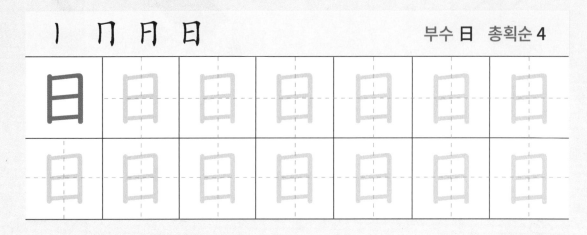

丨 冂 冂 日

부수 日 총획순 4

💬 어휘 확장

日記
일 날 기 기록할
: 그날의 기록

| 日 | 記 | 日 | 記 |

吉日
길 길할 일 날
: 복되고 운 좋은
  일이 있을 만한 날

| 吉 | 日 | 吉 | 日 |

 달

초승달의 모양을 본뜬 글자로 '달'을 뜻하며 나아가 '한 달'을 뜻한다.

ノ 几 月 月						부수 **月** 총획순 **4**
月	月	月	月	月	月	月
月	月	月	月	月	月	月

어휘 확장

月初
월 달 초 처음

: 그 달의 처음 무렵

月	初	月	初

月光
월 달 광 빛

: 달빛

月	光	月	光

년 해

벼를 심어 수확하는 기간을 가리키던 것이 '일 년'이란 뜻으로 변하였다.

丿　亻　仁　仨　丘　年

부수 干　총획순 6

年	年	年	年	年	年	年
年	年	年	年	年	年	年

어휘 확장

來年
내 올 년 해
: 올해의 다음 해

來	年	來	年

年末
연 해 말 끝
: 한 해의 마지막 때

年	末	年	末

시 때

날일(日)과 절 사(寺)가 합친 글자로 옛날에는 관청에서 종을 쳐 하루의 시간을 알려 주었다는 의미에서 '때'를 뜻한다.

| 𠃌 | 日 | 日̄ | 日⁺ | 日̕ | 日̕ | 時 | 時 | 부수 日 총획순 10 |

| 時 | 時 | 時 | 時 | 時 | 時 | 時 |
| 時 | 時 | 時 | 時 | 時 | 時 | 時 |

時事
시 때 사 일
: 그 당시에
일어난 일

| 時 | 事 | 時 | 事 |

時計
시 때 계 셀
: 시간을 가리키는 기계

| 時 | 計 | 時 | 計 |

오 낮

똑바로 세운 절굿공이 모양을 본뜬 글자로 절굿공이 같은 막대를 꽂아 한낮임을 알게 된 데서 유래되어 '정오, 낮'을 뜻한다.

丿 丿 二 午

부수 十 총획순 4

午	午	午	午	午	午	午
	午	午	午	午	午	午

어휘 확장

午前
오 낮 전 앞

: 아침부터 정오까지

午	前	午	前

午後
오 낮 후 뒤

: 정오부터
밤 12시까지

午	後	午	後

야 밤

또 역(亦)에 저녁 석(夕)을 합친 글자로 해가 지면 또 밤이 오고, 모든 생물이 잠을 잔다는 의미에서 '밤'을 뜻한다.

`丶 亠 广 亣 疒 疒 疒 夜`   부수 夕 총획순 8

夜	夜	夜	夜	夜	夜	夜
夜	夜	夜	夜	夜	夜	夜

어휘 확장

夜景
야 밤 **경** 볕

: 밤의 경치

夜	景	夜	景

夜間
야 밤 **간** 사이

: 밤사이

夜	間	夜	間

1. 다음 그림과 한자를 보고 음과 뜻을 쓰시오.

①  夜 ⇒

② 日 ⇒

③ 時 ⇒

2. 다음 문장에 알맞은 한자를 보기에서 골라 쓰시오.

時計　　　吉日　　　夜間

① 그 사건은 　　　　　　 에 일어났다.

② 내 　　　　　　 는 고장 났다.

③ 내일은 　　　　　　 이라 새집으로 이사 간다.

 메

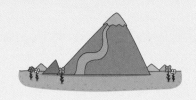

우뚝 연달아 세 개의 산봉우리를 본뜬 글자로 '산'을 뜻함. 무덤의 봉분을 산봉우리같이 해놓은 데서 '무덤'의 뜻도 있다.

丨 山 山

부수 山 총획순 3

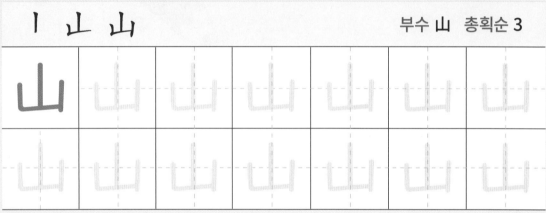

어휘 확장

山川
산 메 천 내

: 산과 내라는 뜻

登山
등 오를 산 메

: 산에 오름

강 강

물 수(氵)에 장인 공(工)을 합친 글자로 원래는 중국 양쯔강을 가리켰으나 지금은 '강'을 뜻한다.

丶 丶 氵 氵 汀 江 江　　　부수 氵　총획순 6

江	江	江	江	江	江
江	江	江	江	江	江

어휘 확장

江山
강강 산메
: 강과 산

江	山	江	山

江村
강강 촌마을
: 강가에 있는 마을

江	村	江	村

 밭

벼의 재배법에 따라 조성된 밭을 본떠 만든 상형 문자로 田
를 부수로 쓸 때는 '밭'이나 '농사'와 관련된 글자가 많다.

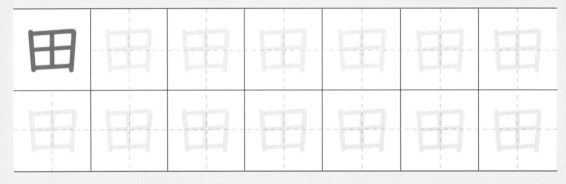

丨 冂 冂 田 田

부수 田 총획순 5

田	田	田	田	田	田	田
田	田	田	田	田	田	田

어휘 확장

田作
전 밭 작 지을

: 밭농사

田	作	田	作

油田
유 기름 전 밭

: 석유가 나는 지역

油	田	油	田

 내

물이 흘러가는 모양을 본뜬 글자로 '내, 개천'을 뜻한다.

丿 川 川

부수 川 총획순 3

川

 어휘 확장

河川
하물 천 내

: 강과 시내

河 川 河 川

常川
상 항상 천 내

: 늘, 항상

常 川 常 川

 물

시냇물 위로 비가 내리는 모양을 본뜬 상형 문자로 '물'을 뜻한다.

丿 丮 水 水					부수 水 총획순 4	
水	水	水	水	水	水	水
	水	水	水	水	水	水

어휘 확장

水上
수 물 상 윗
: 물 위

水	上	水	上

水分
수 물 분 나눌
: 물기

水	分	水	分

54

 석 돌

벼랑 아래로 굴러떨어져 흩어져 있는 돌의 모양을 본뜬 글자로 '돌'을 뜻한다.

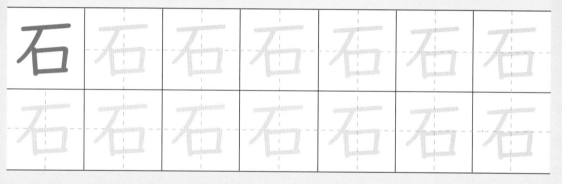

一 丁 丆 石 石　　부수 **石** 총획순 5

어휘 확장

化石			
화 될 석 돌			

: 오랜 시간이 지나도 그대로 있는 것

化 石 化 石

石炭			
석 돌 탄 숯			

: 탄화(炭化)된 고체 연료

石 炭 石 炭

55

실력 확인하기

1. 다음 그림과 한자를 보고 음과 뜻을 쓰시오.

① 山 ⇒

② 石 ⇒

③ 水 ⇒

2. 다음 문장에 알맞은 한자를 보기에서 골라 쓰시오.

江山　　　登山　　　水分

① 내 피부에 [ ] 이 너무 없다.

② 내일은 [ ] 을 갈 예정이다.

③ 우리나라는 [ ] 이 매우 아름답다.

 나무

땅에 뿌리를 박고 선 나무의 모양을 본뜬 상형 문자로 '나무'를 뜻한다.

一 十 才 木

부수 木 총획순 4

木

어휘 확장

樹木
수 나무 목 나무
: 살아 있는 나무

| 樹 | 木 | 樹 | 木 |

角木
각 뿔 목 나무
: 네모지게 다듬은 나무

| 角 | 木 | 角 | 木 |

화 꽃

풀 초(艹)와 될 화(化)를 합한 글자로 땅속에 뿌리를 박고
꽃을 피운 모습을 본떠 '꽃'을 뜻한다.

丁 十 艹 艾 芢 花 花　부수 艹　총획순 8

花	花	花	花	花	花	花
花	花	花	花	花	花	花

어휘 확장

生花
생 날 화 꽃

: 살아있는 꽃

生	花	生	花

國花
국 나라 화 꽃

: 나라를 상징하는 꽃

國	花	國	花

59

초 풀

풀 초(艹)에 이른 조(早)를 합한 글자로, 봄철에 꽃이 피기 전에 가장 먼저 풀잎이 파릇파릇하게 돋아 나온다는 의미에서 '풀'을 뜻한다.

丨 丨 艹 艹 芑 芑 茁 草 　　부수 艹 　총획순 10

草	草	草	草	草	草	草
草	草	草	草	草	草	草

어휘 확장

草原
초 풀 원 언덕

: 풀이 난 들

草	原	草	原

乾草
건 마를 초 풀

: 베어서 말린 풀

乾	草	乾	草

지 땅

큰 뱀(也)이 꿈틀거리는 듯한 땅의 모양을 본떠 만든 글자로 흙(土)이 넓게 퍼져 있는 '땅'을 뜻한다.

一 十 土 圵 圸 地	부수 土 총획순 6

地	地	地	地	地	地	地
地	地	地	地	地	地	地

어휘 확장

地方
지 땅 방 방향
: 서울 외의 지역

地	方	地	方

平地
평 평평할 지 땅
: 바닥이 평평한 땅

平	地	平	地

운 구름

비 우(雨)와 움직일 운(云)을 합한 글자로 비를 내리게 하는 것은 수증기의 움직임에서 비롯된다는 의미에서 '구름'을 뜻한다.

一 二 厂 厂 厂 雪 雪 雪 雲 雲　**부수 雨　총획순 12**

雲	雲	雲	雲	雲	雲	雲
雲	雲	雲	雲	雲	雲	雲

어휘 확장

風雲
풍 바람 운 구름

: 바람과 구름

風	雲	風	雲

雲形
운 구름 형 모양

: 구름의 모양

雲	形	雲	形

성 별

날일(日) 밑에 태어난 생(生)을 받친 글자로 해(日)에서 태어난 것, 해와 같이 빛을 말하는 '별'을 뜻한다.

丨	冂	日	尸	旦	星	星	星

부수 日 총획순 9

星	星	星	星	星	星	星
星	星	星	星	星	星	星

어휘 확장

星光
성 별 광 빛

: 별의 빛

星	光	星	光

流星
유 흐를 성 별

: 떨어지는 천체

流	星	流	星

1. 다음 그림과 한자를 보고 음과 뜻을 쓰시오.

① 木 ⇒ [   ]

② 星 ⇒ [   ]

③ 花 ⇒ [   ]

2. 다음 문장에 알맞은 한자를 보기에서 골라 쓰시오.

國花   流星   乾草

① 어젯밤 하늘에서 [   ] 을 봤다.

② 소나 양들은 [   ] 를 먹는다.

③ 우리나라의 [   ] 는 무궁화다.

64

천 하늘

클 대(大)와 한 일(一)을 합친 글자로 사람의 머리 위에 하늘이 있어 끊임없이 넓다는 의미에서 '하늘'을 뜻한다.

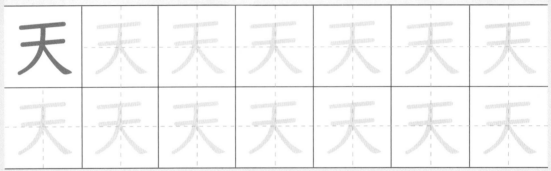

一 二 チ 天   부수 **大** 총획순 **4**

어휘 확장

天命
천 하늘 **명** 목숨

: 타고난 수명(壽命)

天然
천 하늘 **연** 그럴

: 사람의 힘을 가(加)하지 않은 상태

풍 바람

넓을 범(汎)에 벌레 충(虫)을 넣은 글자로 虫은 동물을 뜻
하며 汎은 널리 퍼짐을 뜻한다. 공기가 널리 퍼짐에 따라 동
물들이 깨어나 움직인다는 의미에서 '바람'을 뜻한다.

丿 几 凡 凡 凬 凬 凬 風 風 風 　부수 風 총획순 9

風	風	風	風	風	風
風	風	風	風	風	風

어휘 확장

風向
풍 바람　향 향할
: 바람의 방향

風	向	風	向

消風
소 노닐　풍 바람
: 야외 등 먼 길을 갔다
　　오는 일

消	風	消	風

 불

불길이 솟아오르는 모습을 본떠 만든 상형 문자로 '열'이나 '불'을 뜻한다.

丶 丶丶 ㇄ 火				부수 火 총획순 4		
火	火	火	火	火	火	火
火	火	火	火	火	火	火

어휘 확장

火災
화불 **재**재앙

: 불이 나는 재앙

火	災	火	災

火力
화불 **력**힘

: 불의 힘

火	力	火	力

광 빛

불 화(火)에 어진사람 인(儿)을 합한 글자로 사람이 불을 들고 있어 밝게 빛난다는 의미에서 '빛'을 뜻한다.

丿 丨 屮 屮 屮 屮 屮 光	부수 儿 총획순 6

光	光	光	光	光	光	光
光	光	光	光	光	光	光

어휘 확장

光明
광 빛 명 밝을
: 밝은 빛

光	明	光	明

光線
광 빛 선 줄
: 빛의 줄기

光	線	光	線

과 열매

나무 위에 열매가 달린 모양을 본뜬 글자로 '열매'를 뜻한다.

果	果	果	果	果	果	果
果	果	果	果	果	果	果

丨 冂 日 旦 旦 甲 果 果　　부수 木 총획순 8

어휘 확장

果實
과 열매 실 열매

: 먹을 수 있는
　나무의 열매

果	實	果	實

成果
성 이룰 과 열매

: 일의 이루어진 결과

成	果	成	果

70

림 수풀

나무 목(木)을 두 개 겹쳐서 만들 글자로 본뜻에 의미를 더해준다. 하나의 나무보다는 더 많은 나무가 있다는 의미에서 '수풀'을 뜻한다.

| 一 十 才 木 朮 杧 材 林 | 부수 木 총획순 8 |

林	林	林	林	林	林	林
林	林	林	林	林	林	林

어휘 확장

密林
밀 빽빽할 **림** 수풀

: 나무들이 빽빽하게
  들어선 깊은 숲

密	林	密	林

竹林
죽 대나무 **림** 수풀

: 대나무 숲

竹	林	竹	林

1. 다음 그림과 한자를 보고 음과 뜻을 쓰시오.

① 光 ⇒

② ~風 ⇒

③ 火 ⇒

2. 다음 문장에 알맞은 한자를 보기에서 골라 쓰시오.

火災　　　天然　　　消風

① 어제 끔찍한 [　　　　] 가 발생했다.

② 오늘은 즐거운 [　　　　] 날이다.

③ 그녀는 [　　　　] 미인이다.

춘 봄

본 글자는 풀 초(艸)와 어려울 준(屯), 날 일(日)을 합한 글자로 햇빛을 받아 풀이 어렵게 돋아나는 계절, 즉 '봄'을 뜻한다.

一 二 三 声 夫 表 春 春   부수 日 총획순 9

春	春	春	春	春	春	春
春	春	春	春	春	春	春

어휘 확장

春風 기분좋은바람
춘 봄 풍 바람
: 봄바람

春	風	春	風

立春
입 설 춘 봄
: 봄이 시작됨

立	春	立	春

74

하 여름

머리 혈(頁)에 천천히 걸을 쇠(夊)를 받친 글자로 더워서 머리와 발을 드러낸 모양을 본떠 '여름'을 뜻한다.

| 一 | 丆 | 丆 | 百 | 百 | 百 | 戸 | 戸 | 夏 | 夏 | 부수 夊 총획순 10 |

夏	夏	夏	夏	夏	夏	夏
夏	夏	夏	夏	夏	夏	夏

어휘 확장

夏服
하 여름 복 의

: 여름옷

| 夏 | 服 | 夏 | 服 |

夏季
하 여름 계 계절

: 여름철

| 夏 | 季 | 夏 | 季 |

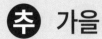 가을

따뜻한 햇볕을 받아 여문 곡식이 무르익은 계절로 '가을'을 뜻한다.

ノ	二	千	禾	禾	禾	利	秒	秋	부수 禾 총획순 9

秋夕
추 가을 석 저녁

: 한가위

秋	夕	秋	夕

秋收
추 가을 수 거둘

: 가을에 익은 곡식을 거둬들이는 일

秋	收	秋	收

동 겨울

뒤져 올 치(夂)에 얼음 빙(冫)을 합친 글자로 1년 중 가장 늦게 오는 계절로 얼음이 어는 '겨울'을 뜻한다.

ノ ク 夂 冬 冬					부수 冫 총획순 5	
冬	冬	冬	冬	冬	冬	冬
冬	冬	冬	冬	冬	冬	冬

어휘 확장

嚴冬
엄 엄할 동 겨울

: 혹독하게 추운 겨울

嚴	冬	嚴	冬

冬至
동 겨울 지 이를

: 밤이 가장 긴 날

冬	至	冬	至

 비

하늘에 떠 있는 구름 사이로 물방울이 떨어지는 모양을 본 뜬 글자로 '비, 비가 오다'를 뜻한다.

一 二 厂 戸 币 雨 雨 雨	부수 雨 총획순 8

雨 | 雨 | 雨 | 雨 | 雨 | 雨 | 雨

雨 | 雨 | 雨 | 雨 | 雨 | 雨

어휘 확장

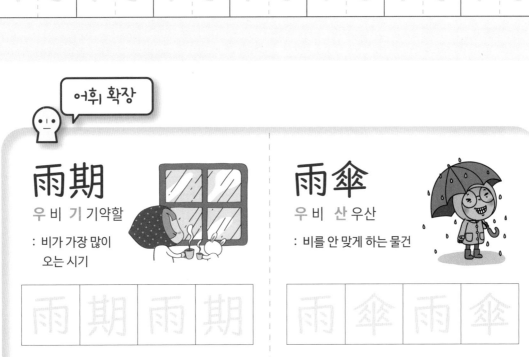

雨期
우 비 기 기약할

: 비가 가장 많이
  오는 시기

雨 期 雨 期

雨傘
우 비 산 우산

: 비를 안 맞게 하는 물건

雨 傘 雨 傘

78

설 눈

비 우(雨)에 빗자루로 쓸 비(彗)를 합한 글자로 비가 얼어서
내리면 빗자루로 쓸어야 한다는 의미에서 '눈'을 뜻한다.

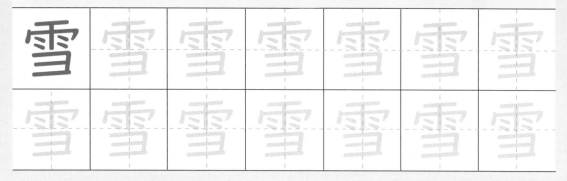

一 戸 石 雨 雪 雪 雪 雪   부수 雨 총획순 11

어휘 확장

大雪
대 큰 설 눈

: 많이 내리는 눈

雪景
설 눈 경 볕

: 눈이 내리는 경치

1. 다음 그림과 한자를 보고 음과 뜻을 쓰시오.

①  秋 ⇒

② 雪 ⇒

③ 夏 ⇒

2. 다음 문장에 알맞은 한자를 보기에서 골라 쓰시오.

雨期   秋收   夏服

① 비가 많이 오는 [   ] 시즌이 시작된다.

② 여름이 시작되니 [   ] 을 준비하자.

③ 올해 [   ] 는 매우 풍작이다.

동 동녘

나무 목(木)에 날일(日)이 걸쳐 있는 글자로 아침 해가 나무의 중간까지 떠오르는 모양을 본떠 '동쪽'을 뜻한다.

| 一 | 厂 | 厂 | 百 | 百 | 車 | 東 | 東 | 부수 木 총획순 8 |

東	東	東	東	東	東	東
東	東	東	東	東	東	東

어휘 확장

東洋
동 동녘 양 큰바다
: 아시아 나라를 일컬음

東	洋	東	洋

中東
중 가운데 동 동녘
: 서아시아 일대를 이름

中	東	中	東

서 서녘

둥지 위에 새가 쉬고 있는 모양을 본뜬 글자로 새가 둥지로 돌아올 때쯤 되면 해가 서쪽으로 지고 있다는 뜻에서 '서쪽'을 뜻한다.

부수 襾 총획순 6

西

어휘 확장

西山
서 서녘 산 메

: 서쪽에 있는 산

西山 西山

西部
서 서녘 부 나눌

: 서쪽 부분

西部 西部

남 남녘

악기의 일종인 종을 본떠 만든 글자로 이 종이 남쪽에 있었다 해서 '남쪽'을 뜻한다.

一 十 广 内 内 南 南 南 南　　부수 十　총획순 9

南	南	南	南	南	南	南
南	南	南	南	南	南	南

南極
남 남녘 극 다할

: 지축의 남쪽 끝

南	極	南	極

南美
남 남녘 미 아름다울

: 남아메리카

南	美	南	美

 북녘

두 사람이 서로 등을 맞대고 있는 옆모습을 본뜬 글자로 서로 등을 져서 배반하는 것과 태양이 비치는 남녘의 반대, 즉 '북녘'을 뜻한다.

丨 丬 丬 北 北   부수 匕 총획순 5

北	北	北	北	北	北	北
北	北	北	北	北	北	北

어휘 확장

北韓
북 북녘 한 한국

: 한강 이북(以北)의
  한국

北	韓	北	韓

訪北
방 찾을 북 북녘

: 북한을 방문함

訪	北	訪	北

 상 윗

기준이 되는 탁자 위에 놓여 있는 물건의 모양을 가리켜 '위'를 뜻한다.

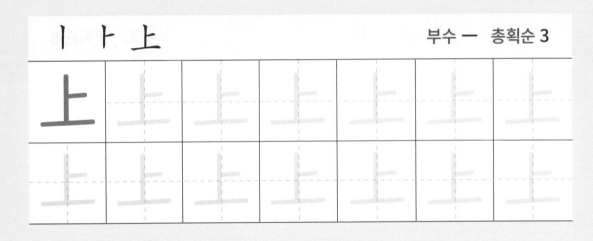

丨 卜 上					부수 一 총획순 3	
上	上	上	上	上	上	上
上	上	上	上	上	上	上

어휘 확장

海上
해 바다 상 윗
: 바다 위

海	上	海	上

引上
인 끌 상 윗
: 끌어 올림

引	上	引	上

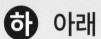 아래

기준의 되는 탁자 아래에 놓인 물건의 모양을 가리켜 '아래'를 뜻한다.

一 丁 下

부수 一 총획순 3

下	下	下	下	下	下	下
下	下	下	下	下	下	下

 어휘 확장

下落
하 아래 **락** 떨어질

: 값이나 등급(等級) 따위가 떨어짐

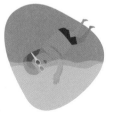

下	落	下	落

零下
영 떨어질 **하** 아래

: 기온이 0℃ 이하를 이르는 말

零	下	零	下

1. 다음 그림과 한자를 보고 음과 뜻을 쓰시오.

①  南 ⇒

② 下 ⇒

③ 西 ⇒

2. 다음 문장에 알맞은 한자를 보기에서 골라 쓰시오.

引上   零下   東洋

① 오늘 날씨는 [　　　　　]라 매우 춥다.

② [　　　　　]에 있는 나라는 한국, 일본, 중국 등이 있다.

③ 내 월급이 [　　　　　]되어 매우 기쁘다.

학 배울

절구 구(臼), 본받을 효(爻), 집 면(宀), 아들 자(子)를 합친 글자로 아이가 배움을 얻는 집이란 의미에서 '가르침을 배운다'를 뜻한다.

丨	𦥑	𦥑	𦥒	𦥒	學	學	學	學

부수 子　총획순 16

學	學	學	學	學	學	學
學	學	學	學	學	學	學

 어휘 확장

學校
학 배울　교 학교

: 학생을 가르치고 교육하는 기관

學	校	學	校

學生
학 배울　생 날

: 학교에 다니면서 공부하는 사람

學	生	學	生

90

선 먼저

갈 지(之)에 어진 사람 인(儿)을 합친 글자로 남보다 앞서가는 사람이라는 의미에서 '먼저'를 뜻한다.

丿 亻 牛 生 步 先　　　부수 儿 총획순 6

先 先 先 先 先 先 先

先 先 先 先 先 先 先

> 어휘 확장

先生
선 먼저 생 날

: 학생을 가르치는 사람

先 生 先 生

于先
우 어조사 선 먼저

: 무엇보다도 먼저

于 先 于 先

91

교 학교

나무 목(木)과 사귈 교(交)를 결합한 글자로 죄인을 가두어 심판했던 '기관'이라는 뜻으로 쓰이다가 세월이 지나 뜻이 바뀌면서 지금은 '학교'를 뜻한다.

一 十 木 朩 朳 杪 校	부수 **木** 총획순 **10**

校	校	校	校	校	校	校
校	校	校	校	校	校	校

어휘 확장

母校
모 어머니 교 학교

: 자기가 졸업한 학교

母	校	母	校

下校
하 아래 교 학교

: 수업이 끝나고
 집으로 돌아감

下	校	下	校

92

언 말씀

입에서 소리가 퍼져나가는 모습을 본뜬 글자로 '말씀'이나 '말'이라는 뜻을 가진다. 부수로 쓰일 때는 '말하다'와 관계된 뜻으로 쓰인다.

`丶 一 二 二 言 言 言`　　부수 言　총획순 7

言	言	言	言	言	言	言
言	言	言	言	言	言	言

어휘 확장

言行
언 말씀　행 다닐

: 말과 행동

言	行	言	行

名言
명 이름　언 말씀

: 널리 알려진 말

名	言	名	言

자 글자

집 면(宀)자와 아들 자(子)자를 합친 글자로 '글자'나 '문자'를 뜻한다.

丶	丷	宀	宁	字

부수 子 총획순 6

字	字	字	字	字	字	字
字	字	字	字	字	字	字

어휘 확장

文字
문 글월 자 글자

: 글자

文	字	文	字

日字
일 날 자 글자

: 특별하게 정한 어느 날

日	字	日	字

유통기한
2011.04.06

友

우 벗

왼손 좌(左)에 오른손 우(右)를 합친 글자로 손에 손을 잡고
서로 돕는다 하여 '친하다, 벗하다'를 뜻한다.

| 一 | 丆 | 方 | 友 | | 부수 又 | 총획순 **4** |

友	友	友	友	友	友	友
友	友	友	友	友	友	友

어휘 확장

友情
우 벗 정 뜻

: 친구와의 정

友	情	友	情

友愛
우 벗 애 사랑

: 형제 사이의 정

友	愛	友	愛

1. 다음 그림과 한자를 보고 음과 뜻을 쓰시오.

① 校 ⇒

② 友 ⇒

③ 學 ⇒

2. 다음 문장에 알맞은 한자를 보기에서 골라 쓰시오.

言行　　下校　　友愛

① 항상 [　　　　　] 을 조심해야 한다.

② 그 형제는 [　　　　　] 가 매우 좋다.

③ [　　　　　] 때는 친구와 같이 집에 간다.

국 나라

국민을 뜻하는 입 구(口)와 국방을 나타내는 창(戈), 단일 주권인 한 일(一), 영토를 뜻하는 에울 위(口)가 합쳐져 '나라'를 뜻한다.

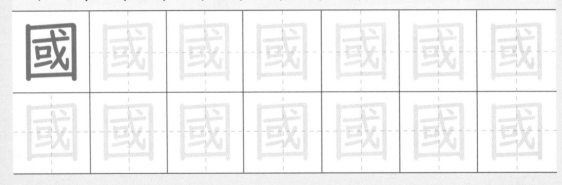

| 丨 冂 冂 同 同 國 國 國 國 | 부수 口 총획순 11 |

어휘 확장

全國
전 온전할 국 나라
: 한 나라의 전체(全體)

全 國 全 國

各國
각 각각 국 나라
: 각 나라

各 國 各 國

 군사

수레 차(車)와 덮을 멱(冖)을 합친 글자로 '군대'나 '진을 치다'를 뜻한다.

一 一 一 一 一 一 一 一 軍

부수 **車** 총획순 9

軍	軍	軍	軍	軍	軍	軍
軍	軍	軍	軍	軍	軍	軍

어휘 확장

軍師
군 군사 사 스승

: 작전(作戰)을 짜고
 군대를 지휘하는 사람

軍	師	軍	師

陸軍
육 뭍 군 군사

: 육지에서 싸우는 군대

陸	軍	陸	軍

충 충성할

가운데 중(中) 밑에 마음 심(心)을 받친 글자로 마음속에서
우러나온 참된 뜻이라는 의미에서 '충성, 정성'을 뜻한다.

丶 丷 口 口 中 中 忠 忠 忠   부수 心 총획순 8

忠

어휘 확장

忠告
충 충성할 **고** 고할

: 남의 잘못을
　고치도록 타이름

忠 告 忠 告

忠實
충 충성할 **실** 열매

: 충직하고 성실함

忠 實 忠 實

100

 법

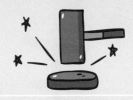

물 수(氵)에 버릴 거(去)를 합한 글자로 물은 수평, 공평을 나타냄. 이에 공평하게 조사하여 옳지 못한 것은 버린다는 데서 '법'을 뜻한다.

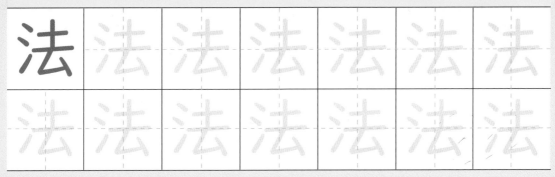

丶 氵 氵 汁 汁 法 法 法　　　부수 氵　총획순 8

法	法	法	法	法	法
法	法	法	法	法	法

 어휘 확장

法律
법法 률법칙

: 국민이 지켜야 할
　나라의 규율

法	律	法	律

法院
법法 원집

: 소송 사건을
　심판하는 국가 기관

무죄

法	院	法	院

 임금

하늘과 땅과 사람을 두루 꿰뚫어 다스리는 지배자를 이르는 것으로 '왕'을 뜻한다.

一 二 三 王				부수 王 총획순 4		
王	王	王	王	王	王	王
王	王	王	王	王	王	王

어휘 확장

王妃
왕 임금 비 왕비

: 임금의 아내

王	妃	王	妃

王命
왕 임금 명 목숨

: 임금의 명령

王	命	王	命

 백성

옛날에는 눈이 보이지 않는 데서 무지(無知), 무교육인 사람
즉, 일반 사람 '백성'을 뜻한다.

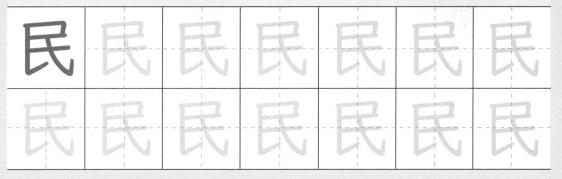

부수 **氏** 총획순 **5**

어휘 확장

民心
민 백성 **심** 마음

: 백성의 마음

民	心	民	心

民俗
민 백성 **속** 풍속

: 민간(民間)의 풍속(風俗)

民	俗	民	俗

1. 다음 그림과 한자를 보고 음과 뜻을 쓰시오.

① 民 ⇒

② 軍 ⇒

③ 法 ⇒

2. 다음 문장에 알맞은 한자를 보기에서 골라 쓰시오.

忠告　　　陸軍　　　全國

① ☐ 은 육지에서 싸우는 군인이다.

② 아버지는 나에게 일찍 일어나라고 ☐ 하셨다.

③ ☐ 에 바이러스가 퍼졌다.

정 바를

발 지(止)에 한일(一)을 합친 글자로 '바르다'나 '정당하다'를 뜻한다.

一 丁 下 疋 正　　　부수 止　총획순 5

正	正	正	正	正	正	正
正	正	正	正	正	正	正

어휘 확장

正答
정 바를 답 대답

: 옳은 답

正	答	正	答

正月
정 바를 월 달

: 1월(一月)을 달리 일컫는 말

正	月	正	月

106

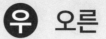 오른

또 우(又)에 입구(口)를 합친 글자로 입으로 먹을 때 숟가락을 잡는 손을 가리켜 '오른쪽'을 뜻한다.

ノ ナ ナ ナ 右 右					부수 口 총획순 5	
右	右	右	右	右	右	右
	右	右	右	右	右	右

어휘 확장

右方
우 오른 방 모

: 오른편

右	方	右	方

右手
우 오른 수 손

: 오른손

右	手	右	手

 왼

오른손으로 일을 하는데, 그 일(工)을 왼손이 돕는다는 의미에서 '왼쪽'을 뜻한다.

一 ナ ナ 左 左

부수 工 총획순 5

左

左手
좌 왼 수 손

: 왼손

左手左手

左側
좌 왼 측 곁

: 왼쪽, 왼쪽의 옆

左側左側

 력 힘

물건을 들어 올릴 때 팔에 생기는 근육의 모양을 본뜬 상형 문자로 '힘'을 뜻한다.

フ 力			부수 **力** 총획순 **2**

力	力	力	力	力	力
力	力	力	力	力	力

어휘 확장

努力
노 힘쓸 력 힘

: 힘을 씀, 힘을 다함

努	力	努	力

能力
능 능할 력 힘

: 일을 감당하거나 해결해 낼 힘

能	力	能	力

고 높을

높게 지어진 누각을 본뜬 글자로 '높다'나 '크다'라는 뜻을 가진다. 이 외 '뛰어나다'나 '고상하다, 크다'와 같은 뜻도 파생되어 있다.

亠	亠	亠	高	户	高	高	高	高	부수 高 총획순 10

高	高	高	高	高	高	高
	高	高	高	高	高	高

最高

최 가장 고 높을

: 가장 높음

最	高	最	高

高速

고 높을 속 빠를

: 아주 빠른 속도

高	速	高	速

 재 있을

흙 토(土)와 재주 재(才)가 합친 글자로 '있다, 존재하다'를 뜻한다.

一 ナ 才 存 存 在

부수 土 총획순 6

在

어휘 확장

存在
존 있을 재 있을

: 실제로 현실에 있음

現在
현 나타날 재 있을

: 지금

헉..
헉..

1. 다음 그림과 한자를 보고 음과 뜻을 쓰시오.

① 高 ⇒

② 在 ⇒

③ 正 ⇒

2. 다음 문장에 알맞은 한자를 보기에서 골라 쓰시오.

現在   高速   能力

① 이제 나의 [   ] 을 보여줄 때다.

② 그 기차는 [   ] 으로 달린다.

③ [   ] 나는 매우 가난하다.

가 옳을

장정(丁)이 입(口)으로 박력있게 말한다는 의미에서 '옳다'를 뜻한다.

可	可	可	可	可	可	可
可	可	可	可	可	可	可

부수 口 총획순 5

一 丁 丁 可 可

어휘 확장

許可
허 허락할 가 옳을
: 허락하여 줌

可動
가 옳을 동 움직일
: 움직이거나 이동할 수 있음

許 可 許 可   可 動 可 動

 아닐

땅속으로 뿌리를 내린 씨앗을 본뜬 글자로 아직 싹을 틔우지 못한 상태라는 의미에서 '아니다, 못하다, 없다'를 뜻한다.

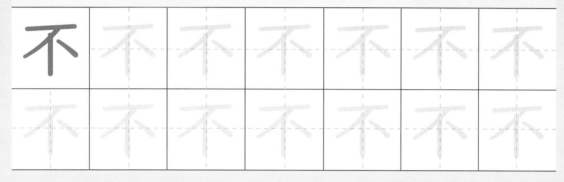

一 丁 才 不

부수 **一**   총획순 **4**

 어휘 확장

不信
불 아닐 신 믿을

: 믿지 아니함

不信	不信

不幸
불 아닐 행 다행

: 행복하지 못함

不幸	不幸

각 각각

뒤져 올 치(夊)에 입 구(口)를 받쳐 쓴 글자로 앞에 한 말과 뒤에 한 말이 다르다 하여 '각각'을 뜻한다.

丿 ク 久 冬 各 各   부수 口   총획순 6

各	各	各	各	各	各	各
各	各	各	各	各	各	各

어휘 확장

各別
각 각각 **별** 나눌

: 특별(特別)함

귀여운게 최고♥

各	別	各	別

各樣
각 각각 **양** 모양

: 여러 가지 모양(模樣)

各	樣	各	樣

자 스스로

사람의 코를 본뜬 글자로 중국 사람이 자기를 말할 때 손가락으로 자신의 코를 가리키며 나라고 한다는 의미에서 '스스로'를 뜻한다.

ノ 亻 竹 自 自 自　　　부수 **自** 총획순 6

自	自	自	自	自	自	自
自	自	自	自	自	自	自

어휘 확장

自由
자 스스로 **유** 말미암을

: 자기(自己) 마음대로 함

自	由	自	由

自白
자 스스로 **백** 흰

: 스스로의 죄를 고백함

自	白	自	白

117

타 다를

사람 인(亻)에 어조사 야(也)를 합한 글자로 뱀은 사람과 다른 동물이라는 의미에서 '다르다'를 뜻한다.

丿	亻	亻	他	他		부수 亻 총획순 5

他	他	他	他	他	他	他
他	他	他	他	他	他	他

어휘 확장

他人
타 다를 **인** 사람

: 다른 사람

他	人	他	人

他地
타 다를 **지** 땅

: 다른 지역이나 지방

他	地	他	地

화 말씀

말씀 언(言)과 혀 설(舌)을 합친 글자로 '말하다'를 뜻한다.

丶 亠 言 言 言 言 訐 話 **부수 言 총획순 13**

話	話	話	話	話	話	話
話	話	話	話	話	話	話

手話

수 손 **화** 말씀

: 손을 써서 표현하는
  언어

手	話	手	話

神話

신 귀신 **화** 말씀

: 예로부터 전해오는
  신(神)의 이야기

神	話	神	話

1. 다음 그림과 한자를 보고 음과 뜻을 쓰시오.

①  話 ⇒

② 各 ⇒

③ 他 ⇒

2. 다음 문장에 알맞은 한자를 보기에서 골라 쓰시오.

不信 　　　 神話 　　　 他地

① 오늘 재미있는 　　　　　를 읽었다.

② 지난 사건으로 엄마는 나를 　　　　　하신다.

③ 그녀는 고향을 떠나 　　　　　에서 생활한다.

시 도시

돼지해머리 두(⼇)와 수건 건(巾)을 합친 글자로 '시장'이나 '저자'를 뜻한다. 지금의 市자는 해서체에서 모양이 크게 바뀌어 만들어졌다.

丶 亠 亣 肀 市

부수 **巾** 총획순 5

市	市	市	市	市	市	市
市	市	市	市	市	市	市

어휘 확장

市民
시 도시 민 백성
: 도시에 사는 사람

市	民	市	民

市場
시 도시 장 마당
: 물건을 사고 파는 곳

市	場	市	場

차 수레

바퀴달린 수레의 모양을 본뜬 글자로 '수레, 바퀴'를 뜻한다.

一	厂	行	行	日	亘	車	부수 車 총획순 7

車	車	車	車	車	車	車
車	車	車	車	車	車	車

洗車

세 씻을 **차** 수레

: 차를 씻음

洗	車	洗	車

汽車

기 물 끓는 김 **차** 수레

: 증기(蒸氣) 기관차

汽	車	汽	車

 문 문

양쪽으로 여닫는 큰 대문의 이미지를 본뜬 글자로 '문'이나 '집안'을 뜻한다. 이외에도 '집안'이나 '문벌'과 같이 혈연적으로 나뉜 집안을 일컫기도 한다.

丨	冂	冋	冋	冋'	門	門	門	부수 門 총획순 8

門	門	門	門	門	門	門
門	門	門	門	門	門	門

어휘 확장

大門
대클 문문

: 큰 대문

窓門
창창 문문

: 창문

 집

집 면(宀)과 이를 지(至)가 합친 글자로 '집'이나 '거실'을 뜻한다. 고대 중국에서는 사랑채를 집 당(堂)이라 하고 안쪽에 있는 방을 집 실(室)이라 했다.

| 丶 | 宀 | 宀 | 宀 | 宀 | 宀 | 室 | 室 | 부수 宀 총획순 9 |

| 室 | 室 | 室 | 室 | 室 | 室 | 室 |
| 室 | 室 | 室 | 室 | 室 | 室 | 室 |

 어휘 확장

入室
입 들 실 집

: 방에 들어감

| 入 | 室 | 入 | 室 |

室外
실 집 외 바깥

: 건물이나
　방의 밖

| 室 | 外 | 室 | 外 |

125

 살

물 수(水)와 혀 설(舌)을 합친 글자로 혀(舌)에 수분(水)이 있다는 의미에서 '살아있다'를 뜻한다.

氵 氵 氵 汗 汗 活 活   부수 氵   총획순 9

活	活	活	活	活	活
活	活	活	活	活	活

어휘 확장

生活
생 날 활 살

: 생계를 꾸리어 살아 나감

生	活	生	活

活用
활 살 용 쓸

: 이리저리 잘 응용함

活	用	活	用

 다닐

네 방향으로 갈라진 사거리를 본뜬 글자로 '다니다'나 '가다, 돌다'를 뜻한다.

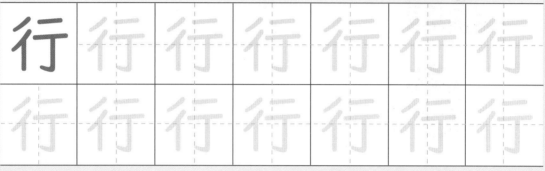

丶 ㇒ 彳 彳 行 行　　부수 行　총획순 6

 어휘 확장

走行
주 달릴　행 다닐

: 동력으로 움직이는
　수송 수단이 길을 달림

走 行 走 行

旅行
여 나그네　행 다닐

: 다른 고장이나
　나라에 가는 일

旅 行 旅 行

127

1. 다음 그림과 한자를 보고 음과 뜻을 쓰시오.

① 活 ⇒

② 室 ⇒

③ 車 ⇒

2. 다음 문장에 알맞은 한자를 보기에서 골라 쓰시오.

旅行   窓門   洗車

① 나의 취미는 [   ] 이다.

② 차가 더러우니 [   ] 를 하자.

③ [   ] 을 깨끗하게 닦아라.

 내 안

멀 경(冂)에 들 입(入)이 합쳐진 글자로 사람이 안쪽으로 들어간다는 의미에서 '안'을 뜻한다.

丨 冂 内 内					부수 入 총획순 4

어휘 확장

内面
내 안 면 낯

: 사람의 마음

室内
실 집 내 안

: 집 또는
  건물의 안

외 바깥

저녁 석(夕)에 점 복(卜)을 합친 글자로 보통 아침에 점을 치는 법인데 저녁에 점(卜)을 치는 것은 정상에서 벗어나는 일이라는 뜻에서 '밖'을 뜻한다.

ノ ク タ 列 外　　　부수 夕　총획순 5

外	外	外	外	外	外	外
外	外	外	外	外	外	外

어휘 확장

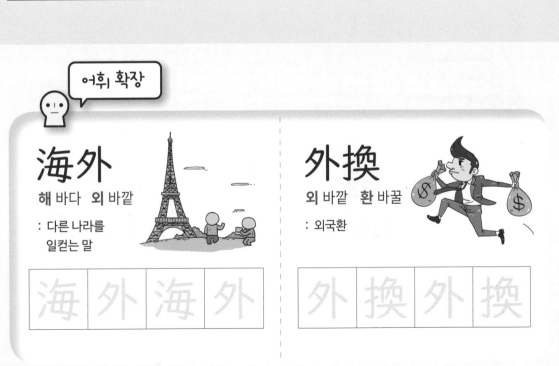

海外
해 바다 외 바깥
: 다른 나라를 일컫는 말

海	外	海	外

外換
외 바깥 환 바꿀
: 외국환

外	換	外	換

래 올

'오다'나 '돌아오다', '앞으로'를 뜻한다. 來자는 본래 '보리'를 뜻하던 글자였다. 옛사람들은 곡식은 하늘이 내려주는 것으로 생각했다. 그러다 보니 來자는 점차 '오다'라는 뜻으로 쓰이게 되었다.

一 𠄌 𠂉 𠂎 𣎵 𣎵 來 來 來　부수 人　총획순 8

未來
미 아닐 래 올

: 아직 오지 않은 때

元來
원 으뜸 래 올

: 전(前)부터

 들

'들어가다'라는 뜻을 가진 글자로 入은 사람이 입구로 들어가는 모습으로 해석한다. 사람을 뜻하는 사람 인(人)을 반대로 그린 것처럼 보였기 때문이다.

ノ 入 　　　　　　　부수 入 총획순 2

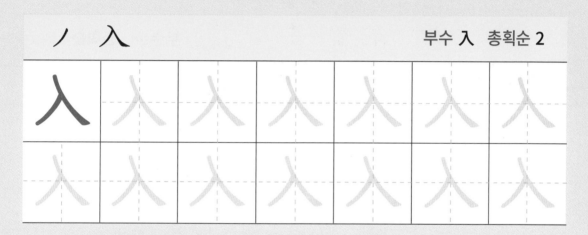

어휘 확장

入學
입 들 학 배울
: 학교에 들어감

出入
출 날 입 들
: 나가고 들어감

133

도 길

머리 수(首)에 책받침(辶)을 합친 글자로 사람이 가야할 올바른 길, 마땅히 걸어가야 할 길, 즉 '길'을 뜻한다.

道 <ruby>道</ruby> 道 道 道 道 **부수** 辵 **총획순** 13

道	道	道	道	道	道	道
道	道	道	道	道	道	道

어휘 확장

步道
보 걸음 도 길

: 사람이 다니는 길

步	道	步	道

車道
차 수레 도 길

: 차가 다니는 길

車	道	車	道

 **동 마을**

물 수(水)와 같을 동(同)을 합친 글자로 '마을'이나 '동굴'을 뜻한다.

| 氵 | 氵 | 汈 | 汋 | 洞 | 洞 | 洞 | 부수 氵 총획순 9 |

洞	洞	洞	洞	洞	洞	洞
洞	洞	洞	洞	洞	洞	洞

 어휘 확장

洞口
동 마을 구 입

: 동네 어귀

洞	口	洞	口

洞內
동 마을 내 안

: 동네 안

洞	内	洞	内

실력 확인하기

1. 다음 그림과 한자를 보고 음과 뜻을 쓰시오.

①  道 ⇒

② 來 ⇒

③ 內 ⇒

2. 다음 문장에 알맞은 한자를 보기에서 골라 쓰시오.

步道   入學   室內

① 나는 올해 초등학교에 _____ 한다.

② 사람은 _____ 로 다녀야 한다.

③ _____ 환기를 자주 해야 한다.

점 가게

집 엄(广)과 차지할 점(占)을 합친 글자로 '가게'나 '상점'을 뜻한다. 店은 시장 한쪽 부분을 차지한 집이라는 뜻으로 만들어졌다.

丶 一 广 广 广 店 店 店　　부수 广 총획순 8

店	店	店	店	店	店	店
店	店	店	店	店	店	店

어휘 확장

書店
서 글 점 가게

: 책을 팔거나
　사는 가게

書	店	書	店

商店
상 장사 점 가게

: 물건을 파는 가게

商	店	商	店

品 물건

3개의 입구(口)가 결합한 글자로 '물건'을 뜻한다. 品자는 본래 그릇이 가지런히 '잘 놓여있다'를 뜻하기 위해 만든 글자였으나 후에 '물건의 종류'를 뜻하게 되면서 지금은 물건을 뜻하게 되었다.

| 丨 | 口 | 口 | 口 | 品 | 品 | 品 | 品 | 부수 口 총획순 9 |

品	品	品	品	品	品	品
品	品	品	品	品	品	品

作品
작 지을 **품** 물건

: 예술 창작의
　결과물

| 作 | 品 | 作 | 品 |

商品
상 장사 **품** 물건

: 장사로 파는 물건

| 商 | 品 | 商 | 品 |

수 셀

끌 누(婁)와 칠 복(攵)을 합친 글자로 '세다'나 '계산하다, 헤아리다'를 뜻한다. 겹침을 뜻하는 婁에 攵가 결합한 것은 숫자 一, 二, 三과 같이 막대기로 셈을 하고 있다는 뜻을 표현하기 위해서다.

| 口 | 吕 | 吕 | 吕 | 甹 | 婁 | 婁 | 數 | 數 | 부수 攵 총획순 15 |

數	數	數	數	數	數
數	數	數	數	數	數

어휘 확장

數學
수 셀 학 배울

: 수량 및 공간의 성질에 관하여 연구하는 학문

| 數 | 學 | 數 | 學 |

數字
수 셀 자 글자

: 수를 나타낸 글자

| 數 | 字 | 數 | 字 |

 주인

임금 왕(王)에 점 주(丶)를 합친 글자로 '주인'이나 '주체'를 뜻한다. 主는 본래 촛대를 그린 것이었는데 한 집안을 밝혀야 할 사람은 가장이어야 한다는 의미가 主에 반영된 것으로 보인다.

丶 丶 二 三 丰 主　　　부수 丶 총획순 5

主	主	主	主	主	主	主
主	主	主	主	主	主	主

 어휘 확장

主人
주 주인 인 사람

: 물건의 임자

主	人	主	人

主食
주 주인 식 밥

: 끼니때마다 먹는 음식

主	食	主	食

금 쇠

'금속'이나 '화폐'를 뜻한다. 예전에는 金자가 금(金)이나 은(銀)·동(銅)·석(錫)·철(鐵)과 같은 다섯 가지 금속을 통칭했었다. 그러나 후에 다양한 금속이 발견되면서 지금은 모든 금속을 통칭하는 용어로 쓰이고 있다.

| 人 | 스 | 仌 | 仐 | 仐 | 金 | 金 | 부수 金 총획순 8 |

金

어휘 확장

代金
대 대신할 금 쇠

: 물건(物件)의
  값으로 치르는 돈

代金代金

現金
현 현재 금 쇠

: 현재 가지고 있는 돈

現金現金

사 일

깃발을 단 깃대를 손으로 세우고 있는 모양을 본뜬 글자로
'일'이나 '직업, 사업'을 뜻한다.

一 一 一 一 一 一 事   부수 亅 총획순 8

工事
공 장인 사 일

: 토목, 건축 등에
  관한 일

工 事 工 事

事件
사 일 건 물건

: 뜻밖에 일어난 사고

事 件 事 件

143

1. 다음 그림과 한자를 보고 음과 뜻을 쓰시오.

① 金 ⇒

② 數 ⇒

③ 事 ⇒

2. 다음 문장에 알맞은 한자를 보기에서 골라 쓰시오.

作品   主食   事件

① 한국 사람의 [   ] 은 쌀이다.

② 전시회에 나의 [   ] 이 전시되었다.

③ 아침에 일어난 [   ] 은 매우 끔찍했다.

 **다** 많을

저녁 석(夕)을 둘 겹쳐 놓은 글자로 저녁(夕)이 거듭하니 일수(日數)가 많다는 의미에서 '많다'를 뜻한다.

ノ　ク　夕　�　多　多					부수 夕　총획순 6	
多	多	多	多	多	多	多
多	多	多	多	多	多	多

어휘 확장

多情
다 많을 정 뜻

: 정이 많음

多	情	多	情

多幸
다 많을 행 다행

: 운수(運數)가 좋음

多	幸	多	幸

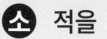 **소** 적을

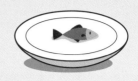

작을 소(小) 밑에 삐칠 별(丿)을 합친 글자로 작은 것을 다시
일부분 떨어 내었으니 '양이 더 적다'를 뜻한다.

丿 刂 小 少　　　　　　　　부수 小 총획순 **4**

少	少	少	少	少	少	少
少	少	少	少	少	少	少

 어휘 확장

減少
감 덜 소 적을

: 양이나 수가
　이전보다 줄어듦

減	少	減	少

最少
최 가장 소 적을

: 가장 적음

最	少	最	少

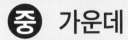 가운데

사방을 둘러쌓은 네모의 중앙을 야무지게 꿰뚫었다는 의미에서 '가운데'를 뜻한다.

ㅣ 口 口 中					부수 中 총획순 4	
中	中	中	中	中	中	中
中	中	中	中	中	中	中

어휘 확장

中心
중 가운데 **심** 마음

: 기준이 되는 물체나 지점

中	心	中	心

集中
집 모을 **중** 가운데

: 정신을 바짝 차리고 쏠리게 함

集	中	集	中

계 셀

열 십(十)은 긴 막대기를 그린 것으로 숫자 10을 뜻한다. 이렇게 숫자 10을 뜻하는 十에 말씀 언(言)을 결합한 計는 1에서 10까지 말(言)로 셈한다는 의미에서 '세다'를 뜻한다.

` ` ` ` ` ` ` 計　**부수** 言　**총획순** 9

計

어휘 확장

計算
계 셀 산 셈

: 수량(數量)을 헤아림

合計
합 합할 계 셀

: 모두 합(合)친 금액

149

합 합할

모일 집(亼)에 입 구(口)를 합친 글자로 여러 의견이 하나로
모였다는 의미에서 '합하다'를 뜻한다.

丿 亼 亼 合 合 合　　　　부수 口　총획순 6

合						

어휘 확장

合格
합 합할 격 격식

: 시험이나 조건에 맞아 뽑힘

合	格	合	格

合意
합 합할 의 뜻

: 서로 뜻이 맞음

合	意	合	意

분 나눌

나눌 팔(八)에 칼 도(刀)를 합친 글자로 칼로 쪼개어 나눈다는 의미에서 '나누다'를 뜻한다.

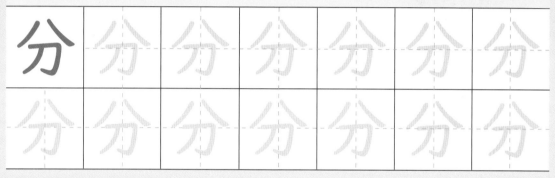

丿 八 今 分

부수 刀 총획순 4

분 分 分 分 分 分 分

分 分 分 分 分 分 分

어휘 확장

充分

충 채울 분 나눌

: 분량이 적당함

充 分 充 分

區分

구 구분할 분 나눌

: 따로따로 갈라 나눔

區 分 區 分

1. 다음 그림과 한자를 보고 음과 뜻을 쓰시오.

①  合 ⇒ _____

② 計 ⇒ _____

③ 多 ⇒ _____

2. 다음 문장에 알맞은 한자를 보기에서 골라 쓰시오.

集中   充分   合格

① 음식은 나누어 먹기에 _____ 했다.

② 오전에 _____ 해서 공부했다.

③ 오늘 대학교 _____ 소식을 들어 매우 기쁘다.

견 개

개가 옆으로 서 있는 모양을 본뜬 글자로 '개'를 뜻한다.

一 ナ 大 犬						부수 犬 총획순 4
犬	犬	犬	犬	犬	犬	犬
犬	犬	犬	犬	犬	犬	犬

> 어휘 확장

忠犬
충 충성 견 개

: 주인에게 충실한 개

忠	犬	忠	犬

愛犬
애 사랑 견 개

: 사랑하는 개

愛	犬	愛	犬

마 말

말의 머리, 갈기, 꼬리, 네 다리를 본뜬 글자로 '말'을 뜻한다.

Ｉ	Ｆ	Ｆ	Ｆ	Ｆ	Ｆ	馬	馬	馬	부수 馬 총획순 10

馬	馬	馬	馬	馬	馬
馬	馬	馬	馬	馬	馬

어휘 확장

白馬
백흰 마말

: 흰색 말

乘馬
승오를 마말

: 말을 탐

白	馬	白	馬

乘	馬	乘	馬

 소

뿔이 달린 소의 머리 모양을 본뜬 글자로 '소'를 뜻한다. 농경 생활을 하는 민족에게 소는 매우 중요한 동물이었다. 한편 소는 신에게 바치는 제물이 되므로 牛자가 부수로 쓰일 때는 '제물(祭物)'이나 '농사일'과 관련된 뜻을 전달한다.

丿 宀 宀 牛 　　　　　　　부수 牛　총획순 4

牛	牛	牛	牛	牛	牛	牛
牛	牛	牛	牛	牛	牛	牛

어휘 확장

牛乳
우소 유젖

: 소의 젖

牛	乳	牛	乳

牛肉
우소 육고기

: 소고기

牛	肉	牛	肉

羊 양 양

양의 머리를 정면에서 바라본 모습을 본뜬 글자로 '양'을 뜻한다. 羊자가 부수로 쓰일 때는 '양'이나 '양고기, 상서로움, 권력'이라는 뜻을 가진다.

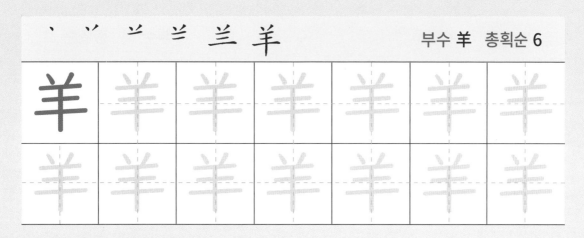

丶 丷 丷 半 羊 羊 　　부수 羊 총획순 6

어휘 확장

山羊
산 메 양 양

: 염소

山	羊	山	羊

羊皮
양 양 피 가죽

: 양의 가죽

羊	皮	羊	皮

157

조 새

새의 모양을 본뜬 글자로 꼬리가 긴 모든 '새'를 뜻한다.

| ´ | ⺊ | ⺆ | 白 | 自 | 鳥 | 鳥 | 鳥 | 부수 鳥 총획순 11 |

鳥	鳥	鳥	鳥	鳥	鳥
鳥	鳥	鳥	鳥	鳥	鳥

어휘 확장

白鳥
백 흰 조 새

: 오리과의 하얀 물새

| 白 | 鳥 | 白 | 鳥 |

鳥類
조 새 류 무리

: 척추동물(脊椎動物)의
한 강(綱)

| 鳥 | 類 | 鳥 | 類 |

어 물고기

물고기를 그대로 그린 상형 문자로 '물고기'를 뜻한다. 갑골문에 나온 魚자를 보면 물고기의 주둥이와 지느러미 이미지가 잘 묘사되어 있었다.

丿 ㇆ ㇆ 刍 刍 刍 甴 魚 부수 魚 총획순 11

魚	魚	魚	魚	魚	魚	魚
魚	魚	魚	魚	魚	魚	魚

어휘 확장

魚夫
어 물고기 부 지아비

: 고기잡이 하는 사람

魚	夫	魚	夫

魚船
어 물고기 선 배

: 낚싯배

魚	船	魚	船

실력 확인하기

1. 다음 그림과 한자를 보고 음과 뜻을 쓰시오.

①  羊 ⇒

② 鳥 ⇒

③ 馬 ⇒

2. 다음 문장에 알맞은 한자를 보기에서 골라 쓰시오.

牛乳   忠犬   魚船

① 나는 매우 충성스러운 _____ 을 키운다.

② 휴일에 _____ 을 타고 낚시를 갔다.

③ _____ 를 먹어야 키가 큰다.

160

견 볼

눈 목(目)에 어진 사람 인(儿)을 합친 글자로 사람이 사물을
눈으로 본다는 의미에서 '보다'를 뜻한다.

ㅣ 冂 冃 目 貝 見					부수 見 총획순 7
見	見	見	見	見	見
見	見	見	見	見	見

意見
의 뜻 견 볼

: 마음에 생각하는 점

意	見	意	見

發見
발 필 견 볼

: 찾아내거나
　처음으로 알아냄

發	見	發	見

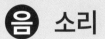 소리

입에서 소리가 퍼져나가는 모습을 본뜬 글자로 '소리'나 '말, 음악'을 뜻하며 다른 글자와 결합할 때는 '소리'와 관련된 뜻을 가진다.

`　一　亠　立　产　咅　音　音　音　　부수 音 총획순 9

音	音	音	音	音	音	音
音	音	音	音	音	音	音

 어휘 확장

字音
자 글자 음 소리

: 글자의 음

字	音	字	音

高音
고 높을 음 소리

: 음이 높은 소리

高	音	高	音

163

식 밥

음식을 담는 식기를 본뜬 글자로 '밥'이나 '음식, 먹다'를 뜻한다. 食자가 부수로 쓰일 때는 대부분이 '음식'이나 먹는 동작과 관련된 뜻을 가진다.

| 人 | 仝 | 今 | 今 | 仝 | 食 | 食 | 食 | 부수 食 총획순 9 |

食	食	食	食	食	食	食
食	食	食	食	食	食	食

어휘 확장

食品
식 밥 품 물건

: 사람이 섭취할 수 있는
음식물을 통틀어 말함

| 食品 | 食品 |

食事
식 밥 사 일

: 음식을 먹는 일

| 食事 | 食事 |

문 들을

문 문(門)과 귀 이(耳)를 합친 글자로 '듣다'나 '들리다'를 뜻한다. 이것은 문밖에서 나는 소리를 귀 기울여 듣고 있는 모습을 본뜬 글자다.

「	ア	ア	門	門	門	門	門	閏	聞	부수 耳 총획순 14

聞	聞	聞	聞	聞	聞	聞
聞	聞	聞	聞	聞	聞	聞

所聞
소 바 문 들을

: 들려 오는 떠도는 말

所	聞	所	聞

名聞
명 이름 문 들을

: 명성(名聲) 또는 평판(評判)

名	聞	名	聞

165

미 아름다울

양 양(羊)에 클 대(大)를 합친 글자로 양이 클수록 아름답고 맛도 있다는 의미에서 '아름다움'을 뜻한다.

| ⸸ | ⸺ | ⸻ | 𦍌 | 羊 | 𦍌 | 美 | 美 | 부수 羊 총획순 9 |

美	美	美	美	美	美	美
美	美	美	美	美	美	美

美人
미 아름다울 **인** 사람

: 아름다운 여자

美	人	美	人

美容
미 아름다울 **용** 얼굴

: 얼굴이나 머리를
　아름답게 매만짐

美	容	美	容

청 푸를

날 생(生)과 우물 정(井)을 합친 글자로 '푸르다'나 '젊다, 고요하다'를 뜻한다. 靑자는 이렇게 싱싱함을 뜻하는 生에 井을 결합한 것으로 우물과 초목처럼 맑고 푸름을 뜻한다.

一 二 ‡ 主 靑 靑 靑 靑   부수 **靑**   총획순 8

靑	靑	靑	靑	靑	靑	靑
靑	靑	靑	靑	靑	靑	靑

 어휘 확장

靑年
청 푸를 년 해
: 나이가 20대에서
 30대 초반인 젊은 남자

靑	年	靑	年

靑天
청 푸를 천 하늘
: 푸른 하늘

靑	天	靑	天

1. 다음 그림과 한자를 보고 음과 뜻을 쓰시오.

① 音 ⇒

② 美 ⇒

③ 聞 ⇒

2. 다음 문장에 알맞은 한자를 보기에서 골라 쓰시오.

青年　　　所聞　　　高音

① 그 [　　　] 은 빠르게 퍼졌다.

② 그 가수는 탁월한 [　　　] 을 가지고 있다.

③ 그 [　　　] 은 매우 성실하다.